LE PRESTIGE

DE LA

FRANCE EN EUROPE

Appel d'un Etranger à la Nation Française

Prix : I Franc

PARIS

LIBRAIRIE DE PARIS

20, boulevard Montmartre

—

1890

LE PRESTIGE

DE LA

FRANCE EN EUROPE

Appel d'un Etranger à la Nation Française

PARIS

IMPRIMERIE ALCAN-LEVY

24, Rue Chauchat. 24

—

1890

LE PRESTIGE

DE

LA FRANCE EN EUROPE

Appel d'un Étranger à la Nation Française

Συμφιλεῖν οὐ συνέχθειν πέφυ.
Sophocl. Antig.

I

Il y a précisément vingt ans que la France, sous l'impression des sanglantes défaites que la politique criminelle du cabinet des Tuileries lui a infligées, s'est débarrassée, d'un vigoureux coup d'épaules, du gouvernement impérial. Les nations étrangères poursuivaient, les unes avec une rage mal cachée, les autres avec des sympathies sincères, les efforts que le peuple français a faits depuis pour se relever des conséquences de l'année terrible. Elles sont venues, l'année passée, assister au grand concours et vous ont décerné à l'unanimité le premier prix d'Europe.

En 1789, vous vous êtes, en détruisant la Bastille, courageusement mis à la tête de l'humanité civilisée ; en 1889 vous avez, en résistant à la coalition des frondeurs recrutés dans tous les camps hostiles à votre Constitution, prouvé que, las des révolutions politiques qui, au fond, ne profitent qu'à la dynastie qui arrive et à une poignée de serviteurs fidèles, vous êtes fermement décidés à garder pour toujours le gouvernement républicain, d'ailleurs le seul digne d'hommes libres, et qui répond le mieux aux besoins de la société moderne.

Boulanger se mit en campagne ou plutôt fut envoyé par ses bailleurs de fonds pour donner l'assaut à la République. Non seulement sa funeste mission échoua piteusement, mais il entraîna dans sa chute honteuse l'état-major du parti royaliste, et une vingtaine de chefs républicains qui, trop tard, hélas ! se sont aperçus où devaient les guider le noble maquignon de Neuilly et son camarade de Saint-Cyr. On les croyait tous bien morts il y a un an, et les voilà ressuscités, comme une sorte de revenants politiques qui ne pouvaient trouver le repos dans leurs tombeaux.

Grande était l'horreur du crime de lèse-majesté dont ils se sont rendus coupables à l'égard de la souveraineté du peuple, qu'ils ont violée à l'aide de procédés plus hideux encore que ceux qu'a employés le funèbre usurpateur du Deux-Décembre.

Le comte de Paris, qui a joué dans cette tragi-comédie politique le rôle le moins intéressant, n'ayant pas voulu jusqu'au bout assister à la danse des spectres boulangistes, a, en compagnie de son fils, traversé l'Océan pour oublier, au milieu de ses anciens compagnons de l'armée du Potomac, les déboires de la politique militante. Il a eu la malencontreuse idée d'attaquer, dans un pays étranger, le gouvernement de sa patrie qu'il haït parce qu'il ne veut pas céder sa place à un roi, qui deviendrait à coup sûr le fils respectueux et obligeant du Vatican. Le discours du petit-fils de Louis-Philippe et la dernière fameuse lettre de M. Naquet ont sonné le glas définitif ; qu'on ouvre maintenant la fosse commune et y redescende pour l'éternité les squelettes du boulangisme !

Vous autres Français, qui avez participé à cette lutte fratricide soit comme défenseurs héroïques de la République, soit comme partisans enthousiastes du malheureux prince et de son Monk à venir, cessez le combat ; tendez-vous les mains en frères et mettez-vous au travail. C'est un étranger qui aime votre pays comme sa seconde patrie qui vous adresse cet appel au nom des nations auxquelles vos ancêtres ont légué, au même titre qu'à vous, comme précieux héritage les grands principes de 1789. Un étranger n'a pas le droit de se mêler de la politique d'un autre pays pour y jeter la discorde ;

mais il peut bien émettre, même publiquement, son opinion en ami sincère.

Vous êtes en République, c'est-à-dire sous un gouvernement où la politique extérieure et la politique intérieure doivent être parfaitement d'accord, basées l'une et l'autre sur l'opinion éclairée du pays. Votre ministre des affaires étrangères arrive au pouvoir et le quitte en même temps que le cabinet que vos représentants ont accepté des mains du chef de l'Etat. Votre amour de la patrie et votre bon sens politique vous engagent cependant à créer au titulaire de votre *Foreign-Office* une situation sous quelques rapports exceptionnelle : vous l'attaquez moins, puisqu'il défend vos intérêts vis-à-vis de l'étranger. C'est lui qui devrait logiquement toujours occuper la présidence du conseil, d'abord pour avoir plus de prestige auprès des autres chancelleries, appuyées plus directement que les autres départements par l'autorité personnelle du souverain, et ensuite parce que c'est lui qui pourrait, en connaissance de ce qui se passe au dehors, le mieux diriger la politique générale du pays et la mettre en harmonie avec les graves intérêts qui lui sont confiés particulièrement.

Les autres ministres ne devraient être que les administrateurs responsables de leurs départements. Car aussi bien que l'hygiène tend à remplacer petit à petit la médecine, de même une bonne administration doit tâcher de rendre superflue la politique, c'est-à-dire la course folle après le pouvoir et les intrigues ourdies pour l'emporter à tout prix sur son adversaire. Ce système machiavélique doit être tout au plus employé dans nos relations avec l'étranger, qui défend parfois des intérêts qui sont opposés aux nôtres. Entre concitoyens, un pareil procédé ne peut plus se nommer diplomatie, mais frise très souvent la lutte fratricide avec toutes ses horreurs.

Si je loue un appartement, je ne demande ni à mon propriétaire ni à mon concierge leur opinion politique ; eux aussi ne s'occupent que de la régularité de mes payements de loyer. Il en est de même dans presque toutes les conditions de la vie sociale. Pourquoi donc MM. les députés veulent-ils, eux, à tout prix voir dans toute affaire dans chaque poste du budget une bonne occasion pour lancer un brin de polémique à la tête du ministre et en importuner finalement le pays ? Si c'est l'ambition personnelle qui les guide, leurs électeurs sont vraiment à plaindre d'avoir remis la défense de leurs intérêts entre les mains d'hommes qui ne visent qu'un but : à occuper un jour un portefeuille, une ambassade ou une préfecture quelconque. Que chaque député se regarde comme l'avocat général de son arrondissement, dont il lui faudrait connaître à fond tous ses besoins, et qu'il voie dans le ministre le président de la la cour devant laquelle il plaide la cause de ses clients. Rétabli sur ce terrain, le parlementarisme ne serait plus la cible des attaques parfois bien justifiées des ennemis manifestes et cachés du suffrage universel, et par conséquent du système républicain.

Les importantes questions de principe ont été suffisamment discutées, pendant les grandes révolutions politiques (1789, 1830, 1848, 1870), époque où l'esprit des citoyens, surexcité par les événements publics, a moins cure des petites affaires de la vie privée que de la discussion des hauts problèmes de la politique générale. Aujourd'hui où la question du gouvernement doit être regardée par tous les Français comme définitivement résolue, il faut que les Chambres françaises se divisent comme en Angleterre en deux grands partis : les libéraux et les conservateurs. C'est là le seul terrain où la lutte politique doit continuer, jusqu'à ce que les premiers aient convaincu le pays que le progrès de notre société ne tolère plus qu'on s'occupe encore sérieusement des dogmes et des exigences de l'Eglise, qui au fond est le dernier trait d'union entre les nombreuses fractions de la Droite.

Je comprends très bien que la population agricole soit, en France aussi bien qu'ailleurs, plus religieuse que celle des villes. Le paysan dépend plus de la Nature et de ses caprices que le citadin, et il est, par conséquent, tout naturel qu'il veuille entretenir de bonnes relations avec le Créateur, maître suprême de la Nature. Au lieu de mener contre toute idée religieuse une lutte ouverte et quelquefois par trop haineuse, on ferait mieux de démontrer au paysan la distance profonde entre religiosité et cléricalisme, entre l'Eglise de Jésus-Christ et de ses Apôtres, et celle des Papes et de leurs Evêques. Les campagnard est dûr à convertir, mais, une fois gagné à une idée, il n'en démord pas si vite.

Je suis, malgré mes opinions philosophiques fort avancées, le premier à reconnaître le ridicule du procédé du Conseil municipal de Paris, biffant le mot de Dieu des livres d'enseignement de ses écoles communales. C'est tout comme si une fourmi voulait renverser la Tour Eiffel ! Défendez aux curés d'exciter, dans vos écoles, à la haine réciproque, par leurs récits et exhortations religieux, les enfants des différentes confessions, — personne ne vous en fera reproche ; établissez ce principe que les enfants, dans les écoles primaires, soient tous élevés dans les doctrines du monothéisme pur et que l'histoire des religions ne soit enseignée qu'aux jeunes gens mûrs, — et tous les esprits éclairés, n'importe à quelle confession religieuse ils appartiennent, vous en loueront. Mais chasser les sœurs des hôpitaux seulement parce qu'elles portent l'habit religieux, cela est injuste et démontre en outre avec évidence la faiblesse même du système de laïcisation à outrance des athées. Croyez-vous donc que ce soit un malheur si une sœur parle religion à ses malades ? Si vous vous piquez tellement de votre science, il vous faut cependant savoir que la maladie est, dans bien des cas, plutôt un défaut de notre disposition psychologique qu'un vice de notre organisation physique. Et là, je vous assure, les douces paroles de la nonne font plus d'effet que toutes les pilules et médicaments des pharmaciens.

Envoyer les séminaristes à la caserne, ce n'est que juste, puisqu'ils sont citoyens français comme les autres ; c'est au contraire fort avantageux pour l'Eglise elle-même parce que ce qu'elle perdra par la nouvelle loi en quantité, elle le gagnera largement en qualité. Car le jeune homme qui, malgré son séjour dans la caserne, retournera à ses études théologiques, sent en lui une vraie vocation pour son ministère sacré.

Au lieu d'exciter le paysan contre son curé, dites-lui plutôt que les prêtres catholiques étaient, pendant des siècles dûment mariés, et que dans toute la Bible il ne se trouve un traître mot défendant, même au Pape, de se marier légalement à la mairie de son arrondissement.

Rappelez-lui que les pasteurs protestants, les popes russes et les rabbins juifs, qui cependant regardent également l'Ancien et le Nouveau Testament comme des révélations divines et la base de leurs religions, sont de bons pères de famille et ne négligent en rien pour cela leurs devoirs comme prêtres de Dieu.

Ouvrez-lui la Sainte-Ecriture, que vous devriez en des millions d'exemplaires répandre parmi les paysans français, et montrez-lui les passages des Evangiles où il est prouvé que Saint-Pierre était marié (1), que les Pères de l'Eglise des premiers siècles affirment la même chose de la plupart des autres apôtres (2), que Saint-Paul a strictement ordonné aux évêques de n'avoir qu'*une* femme légitime (3), qu'il appelle la doctrine du célibat obligatoire une doctrine diabolique (4) et que plusieurs Conciles, entre autres celui de Tours (canon 13), se prononcent dans le même sens (5), et vous verrez alors les grands yeux que fera à ces récits votre bon campagnard.

Exposez-lui le danger que la France court par suite de sa dépopulation croissante et citez-lui le nombre des enfants légitimes que les curés et les sœurs, s'ils étaient de bons patriotes, pourraient annuellement mettre au monde.

Expliquez-lui que la doctrine du Concile de Trente : *Qui altare servit de altare vivere debet* (qui sert l'autel doit vivre de l'autel), se trouve en contradiction flagrante avec les paroles que Dieu lui-même a adressées à Adam : *In suore vesceris* (tu dois gagner ta vie dans la sueur de ton front). Dites-lui qu'aux premiers siècles du christianisme où on connaissait cependant mieux qu'aux temps de Grégoire VII et de ses sucesseurs les idées et les intentions du Sauveur et de ses apôtres, les évêques (ἐπίσκοποι inspecteurs) n'étaient autre chose que les maires laïques de leur commune. Exposez-lui que ce serait parfaitement digne d'un vrai prêtre de Jésus-

----

(1) Math. VIII, 14, 15 ; Mark. I, 30 ; Luc IV, 38.

(2) Ignatius martyr, Clemens Alexandrinus, Basilius, Ambrosius, etc.

(3) I. L. Tim. III, 2.

(4) I. L Tim. IV, 2, 3, (comp. I Corinth. VII, 8, 9.)

(5) Comp. la nouvelle de Justinien : *De sanctissimis episcopis*, et Eusebius, *Hist. Eccles.* IV, 5.

Christ, fils d'un pauvre artisan et ouvrier lui-même (1), **d'être** charpentier, cordonnier, tailleur ou pêcheur, et de partager son superflu avec ses pauvres ouailles au lieu d'entasser dans les trésoreries des églises et des couvents des milliards pour pouvoir agir sur les pouvoirs publics de tous les pays et pour entraîner un jour l'Europe catholique dans une guerre universelle d'où doit sortir la nouvelle couronne du Pape-Roi, dont la demeure somptueuse et plus que princière contraste fort avec l'étable où Jésus-Christ naquit et la misérable chaumière que « le plus pauvre des hommes » partageait avec ses parents et ses nombreux frères et sœurs !

Racontez enfin à votre paysan que dans tous les Evangiles il ne se trouve pas une seule allusion au séjour de saint Pierre à Rome et que la chronologie biblique l'exclut même, que les écrivains contemporains des Apôtres n'en parlaient pas et que des prêtres catholiques eux-mêmes, comme Marsilius Paduanus, Giovanni Battista Mantovano, Giovanni Aventino, Leland, Carron, etc., traitent comme fable l'anecdote sur le voyage à Rome de saint Pierre, inventée par un faussaire du deuxième siècle, un nommé Papias, reconnu comme tel par l'Eglise elle-même. Et demandez alors à votre brave et honnête agriculteur s'il ne le trouverait pas plus naturel et en même temps plus chrétien que le Pape abandonnât les deux mille chambres de son Vatican à ceux de ses malheureux compatriotes qui, poussés par la misère, doivent habiter, en troglodytes modernes, les rochers des Apennins et des Abruzzes ; et qu'il aille, lui, avec ses cardinaux et archiprêtres, en Judée, là où Jésus-Christ naquit, vécut, enseigna et mourut, pour y surveiller le tombeau sacré du Seigneur. Demandez à tous ceux de vos compatriotes qni, malgré leur religiosité, ont gardé une certaine indépendance de l'esprit si c'est logique que les Papes, qui aiment à se nommer vicaires de Jésus-Christ, ne trouvent pas le temps d'aller une seule fois, pendant leur règne, en pèlerinage à Jérusalem, pour la conquête duquel le Vatican avait fait entreprendre, au moyen-âge, aux nations chrétiennes sept

---

(1) « Il confectionnait », dit Justin, « des ouvrages en bois, des charrues des jougs et des balances ; il aidait son père et vivait de l'œuvre de ses mains, comme un simple artisan. » (*Jésus-Christ*, par le P. Didon, I, p. 85).

croisades sanglantes (leur histoire détaillée amuserait beaucoup, je vous assure, les villageois), et qu'il ne veut pas
comme résidence, aujourd'hui où il n'aurait qu'un mot à dire
pour que toutes les puissances de l'Europe et de l'Amérique
fassent des démarches auprès du Sultan afin qu'il cède au
Pape une partie de la Sainte-Ville.

Au lieu d'écrire sans cesse des articles politiques. les jour-
naux libéraux feraient bien de changer un peu et de publier
les « *Coulisses du Vatican et du cléricalisme international*».
Ces révélations seraient encore plus piquantes que celles de
M. Mermeix. Si j'étais, moi, ministre de l'Instruction publique,
savez-vous ce que je ferais? Je donnerais comme livre de
prix à chaque élève un Nouveau Testament (aux israélites
l'Ancien), une histoire véridique de la papauté et des couvents
écrite par un membre de l'Institut dont la partialité scientifi-
que devrait être pour tout le monde hors de doute. Vous verrez alors bondir de colère le clergé entier avec ses protecteurs
et protectrices laïques, pas publiquement, mais dans les sa-
lons et les boudoirs du faubourg Saint-Germain.

Bref, persuadez, mais ne persécutez pas C'est un mauvais
système que la vieille monarchie vous a légué. La persécution
fait presque toujours des martyrs, et ces derniers ont une
grande influence sur les âmes pleines de pitié des gens religieux et surtout de ceux du beau sexe. Citez l'Eglise devant la
Haute Cour de la science ; qu'elle y apparaisse et défende sa
cause en face des plus grands savants de votre pays. Si elle
imite — ce qu'on peut prévoir — l'exemple de son affilié d'un
jour, le général Boulanger, et refuse la comparution, elle se
déclarera par cela même battue et partagera le sort du liqui-
dateur malheureux du principe monarchique. Car elle ne
pourrait pas dire au pays qu'un tribunal tel que par exemple
l'Institut de France n'ait pas la compétence suffisante pour
trancher des questions que chaque curé traite tous les diman-
ches en chaire et dans sa « *Semaine religieuse*».

L'Eglise a, au moyen-âge, provoqué des disputations publiques avec des ulémas mahométans et des rabbins juifs sur
des questions religieuses (1) ; c'est elle naturellement qui l'a

---

(1) Je rappelle seulement les disputations publiques qui eurent lieu à la
cour de saint Louis et de sa mère Blanche de Castille (1240), à la cour du roi

— officiellement au moins — toujours emporté. Elle a machia-véliquement interprété les réponses de ses interlocuteurs qui, c'est bien compréhensible, n'ont pas osé donner un démenti public à l'Eglise puissante et cruelle. Reprenons ces discus-sions fort intéressantes en plein jour, au palais même qui porte le nom d'un des plus illustres princes de l'Eglise, Mazarin. Le procès-verbal de ces séances, on le répan-drait à une dizaine de millions d'exemplaires parmi les populations catholiques de tous les pays. Si nous, laïques sommes battus, tant pis ; nous l'avouerons franchement. Nous demandons seulement que l'Eglise ait le même courage. Mais si nous gagnons la grande victoire, le Conseil municipal de Paris érigera une statue à Giordano Bruno devant l'Hôtel de Ville, une autre Galilée, place Notre-Dame. Ce serait un acte de politique religieuse digne de la Ville-Lumière.

Voilà, dans ses grandes lignes, le programme que la France devrait poursuivre à l'intérieur. Et après avoir ainsi — pour me résumer — écarté de la discussion parlementaire les petits différends politiques, indignes d'une nation comme la vôtre; après avoir, par un travail commun et des sacrifices volon-taires, établi sur une base solide le budget général du pays ; après ; avoir enfin éclairé le paysan sur les généreuses inten-tions du gouvernement à son égard et mis au jour les menées louches du clergé, qui a toujours ses yeux fixés sur la capitale d'un pays étranger, vous pourrez consacrer tous vos efforts à regagner l'ancien prestige de votre pays dans le conseil de l'Europe. C'est cette grave question vraiment française et en même temps d'une portée universelle qui va m'occuper dans les pages qui suivent.

---

d'Aragon, Jacques Ier (1263) et à Tortose, devant l'anti-pape Benoît XIII (1413). Conf. le recueil le plus intéressant dans ce genre : *Joseph le séla-teur*. (*Bibl. Nat., Catalogue des Manuscrits orientaux, n° 712*).

II

La France s'était, sous Louis XIV et Napoléon Ier vue à la tête des nations européennes ; elle a gardé une partie de son prestige sous Napoléon III. Ce malheureux prince me semble avoir été choisi par la Providence pour marquer une étape importante dans le développement du genre humain: le grave problème qui agite l'esprit des hommes depuis des milliers d'années, à savoir si les peuples sont capables ou non de diriger eux-mêmes leurs destinées fut au nom d'une nation entière posé le lendemain de la bataille de Sedan par le vaillant peuple de Paris, qui joue dans l'histoire moderne un rôle semblable à celui de la population de Rome dans l'antiquité. Cette néfaste guerre entre deux nations qui, au lieu de se jalouser sans cesse comme des frères ennemis, auraient dû à travers les siècles marcher d'accord pour épargner à l'humanité le renouvellement, sous d'autres formes, de la barbarie des hordes mongoles, a démontré, avec une évidence, hélas ! trop réelle où des princes incapables et mal conseillés peuvent conduire tout un peuple. Il fallait des évènements d'un tragique presque sans égal dans l'histoire pour porter le coup mortel au principe monarchique dans un pays où la plus vieille dynastie de l'Europe occupait le trône pendant mille ans.

On vous croyait morts ; vous n'étiez que blessés. La convalescence se faisait même si vite que vos ennemis, qui voulait déjà partager entre eux vos dépouilles, étaient forcés de se tenir cois, l'arme au pied. Et le piou-piou français, en saluant le soldat russe à travers le rempart qu'on a érigé entre vous, les regarde courageusement en face. N'ayez- pas peur: vous reprendrez le glorieux rôle de vos ancêtres de 1789. Votre pays est la terre classique de la liberté humaine ; ce furent des idées françaises qui transformèrent notre continent et celui de l'Amérique ; ce sont elles qui réussiront, j'en ai la profonde conviction, à terminer l'œuvre salutaire commencée en 1848 dans l'Europe centrale,

Il règne un profond malaise parmi toutes les nations européennes ; elles ont le pressentiment d'une des plus graves catastrophes qui aient jamais menacé le genre humain. Tout le monde veut sincèrement la paix, mais tout le monde s'arme jusqu'aux dents. A l'étranger, on n'*ose* pas dire ce qu'on pense; en France on ne le *veut* pas. Moi, étranger qui vis parmis vous et vous aime presque comme mes compatriotes, moi, qui ne suis inféodé à aucun parti politique et considère l'histoire contemporaine, au point de vue national, avec une parfaite impartialité, je crois réunir en moi les qualités nécessaires pour accomplir le rôle d'intermédiaire, en ce sens je dirai avec une brutale franchise ce qu'on pense en deça et au delà des Alpes et des Vosges.

Le but suprême de toute la nation française, c'est la réincorporation de l'Alsace-Lorraine dans sa vieille patrie. Il n'y a pour cela que deux moyens : la guerre ou une convention pacifique.

Il serait inutile de prendre aux sérieux cette éventualité chimérique que Guillaume II pourrait avoir l'intention de vous céder un jour sans coup férir les deux provinces que son grand-père lui a léguées comme son plus précieux héritage; il faut de même, pour rester sur le terrain pratique, écarter l'idée relative à la neutralisation de l'Alsace-Lorraine. Si vous étiez en Monarchie, il eût été peut-être possible que deux souverains pacifiques trouvassent la solution suivante : Un prince français marié avec la fille de l'empereur alllemand et proclamé roi de l'Alsace-Lorraine. Mais aujourd'hui, voulez-vous qu'on vous installe à Strasbourg un prince allemand comme roi, grand-duc ou simple gouverneur général? Cela vous avancerait beaucoup. Il n'y aurait que la forme de changée, et un jeu pareil est indigne d'une grande nation comme la vôtre.

Envisageons maintenant les chances d'une guerre.

Il est évident que Guillaume II ne déclarera pas formellement la guerre à votre pays, car il se priverait ainsi lui-même du concours de ses alliés — je crois au caractère défensif de la triple alliance. Mais c'est si facile de trouvei un prétexte pour vous blesser si profondément qu'*un* cri s'échappe comme par enchantement de tous les cœurs français : « A Berlin ! »

Or, supposons même le cas peu probable que l'Autriche, se souvenant de Sadowa, que l'Italie, se rappelant les immenses services que vous lui avez rendus, restent sous leurs tentes et abandonnent au suprême moment leur allié allemand. Mettons encore que l'Angleterre, poursuivant comme d'habitude sa politique égoïste, se tienne neutre et que de même les petites puissances qui entourent la France et l'Allemagne ne bougent pas. Vous resteriez donc toute seule en face de l'Empire allemand.

Et la Russie ? demandez-vous. Ah ! avec l'entrée en scène de cette grande puissance, toute la constellation change d'un coup. La Russie ne peut vous venir en aide qu'en tombant sur l'Allemagne. Alors, l'Autriche serait forcée, pour sauver sa Pologne et peut-être son existence même, de secourir Guillaume II. L'Angleterre, en outre, pour garder ses Indes d'une invasion russe préparée de longue main à Saint-Pétersbourg, se mettrait immédiatement du côté des ennemis de la Russie et bloquerait par conséquent vos côtes. L'Allemagne et L'Angleterre forceraient enfin la Belgique et la Hollande de marcher avec eux et ainsi n'auriez-vous pas un seul allié à vos frontières. Vous risquez donc fort, dans ce cas, d'être écrasés par le nombre de vos adversaires.

Mais revenons à notre première hypothèse : la France d'un côté, l'Allemagne de l'autre.

Si vous perdez, on vous prendra plusieurs départements et vous demandera une dizaine de milliards. L'Allemagne aura alors 48 à 50 millions d'habitants, vous 32 à 34 ; et, vu la dépopulation croissante de la France, vous n'arriverez jamais à tenir la balance à l'Empire allemand qui, après sa nouvelle victoire, serait par tout le monde redoutée comme une puissance presqu'invincible.

Si vous gagnez, vous reprendrez l'Alsace, la Lorraine et annexerez une partie des provinces rhénanes, votre future Pologne à vous. Vous n'arriverez jamais à Berlin, par ce simple motif que, de Nancy à la capitale de l'Allemagne, il y a trop de chemin à parcourir et qu'il vous faudrait passer sur deux ou trois millions de cadavres, ce que vous ne voudriez pas vous-même et ce que d'ailleurs l'Europe occidentale ne permettrait jamais. L'Allemagne aurait donc, même après ses pertes, plus de 40 millions d'habitants, justement autant que vous vainqueurs. Elle préparerait une revanche, et ainsi la boucherie générale ne finirait jamais.

Comment donc sortir de ce gâchis ? C'est ce que je veux indiquer aussi brièvement que possible.

Si, par exemple, le général de Gallifet et le général de Miribel, deux de vos plus vaillants officiers, en se promenant le soir sur les fortifications, étaient attaqués, dévalisés et meurtris de coups par cinq ou six rôdeurs de barrière, les gens sensés refuseraient-ils leur respect à ces deux généraux et les accuseraient-ils de faiblesse et de lâcheté? Certainement non. On les plaindrait tout simplement d'être tombés si malheureusement, et tout au plus leur reprocherait-on de s'être risqués dans la gueule du loup sans avoir pris leurs précautions. Eh! bien, c'est tout à fait votre cas à vous Français. La néfaste, politique de Napoléon III, les machinations des jésuites, qui ont poussé la bigote impératrice dans une guerre contre l'Allemagne protestante, l'incapacité personnelle de l'Empereur, la trahison de Bazaine, la désorganisation du commandement de l'armée impériale — voilà les causes principales de votre sanglante défaite. Vous l'avez largement vengée en chassant la famille des Bonaparte, en brûlant les Tuileries et surtout en établissant sur des bases solides la troisième République. Les curés qui se promènent désolés et presque délaissés dans les 36,000 communes florissantes de la France; l'ex-impératrice Eugénie qui parcourt en pleurs les différents pays de l'Europe ; les deux prétendants bonapartistes, père et fils, dans leur lutte hideuse — est-ce que jamais une nation vaincue a obtenu pour sa défaite imméritée une satisfaction plus brillante?

Croyez-moi, les nations étrangères savent très bien que ce n'est pas la France, mais le détestable système politique de Napoléon III qui fut écrasé à Wœrth et à Sedan. Les centaines de mille d'étrangers qui sont venus l'année dernière à votre magnifique Exposition ont, comme je l'ai dit plus haut, quitté Paris remplis d'admiration et de sincère sympathie pour votre beau pays, qui a su se relever si vite et d'une manière si éclatante. Si vous vouliez donc enfin distinguer entre les gouvernements monarchiques et les peuples qui subissent encore leur joug presque despotique! Et voilà où je prends le chat par les pattes.

On croit généralement en France — on s'y occupe malheureusement trop peu de ce qui se passe à l'étranger — que, par exemple, l'Allemagne et l'Autriche, pour ne prendre que ces deux grandes puissances de l'Europe centrale, resteront encore des siècles inféodées au gouvernement monarchique. C'est une grande erreur qu'il est nécessaire de dissiper.

L'Allemagne d'abord est, depuis 1848, parfaitement mûre pour un gouvernement républicain. Le caractère allemand est indépendant de nature. Leurs anciens ducs (*lat. duco*), n'étaient que des capitaines qui rentraient, la guerre finie, dans leurs propriétés pour les cultiver, à l'instar des autres paysans. Et la plupart des empereurs allemands, au moyen-âge, qu'est-ce qu'ils étaient autre chose que des présidents de la grande République allemande, sortis du suffrage restreint des sept électeurs?

La Prusse, en dévorant les petites principautés allemandes, pousse presque inconsciemment l'Allemagne dans les bras de la République, qui a failli être proclamée à Francfort, presque en même temps où le dernier roi de France fut chassé des Tuileries. Le duché de Saxe-Cobourg-Gotha, les grands-duchés de Mecklembourg, de Weimar et de Bade vont être d'ici à dix ans inféodés à la Prusse au même titre que le duché de Brunswick. Et alors on n'aura que quatre royaumes allemands : la Prusse, la Bavière, la Saxe et le Wurtemberg. L'unité allemande se fera ensuite comme l'unité française s'est faite : le roi de Prusse pourra désormais changer son titre ; il ne sera plus « empereur allemand, roi de Prusse », mais tout simplement « empereur d'Allemagne » ou « empereur des Allemands ». La « Social demokratie » allemande, aujourd'hui plus puissante que jamais, et les idées de progrès introduites de France auront, en attendant, suffisamment travaillé les esprits teutons pour qu'un jour le Frédéric ou le Guillaume d'alors puisse être avec ou sans révoution — les Brésiliens nous ont à cet égard prêché d'exemple — renvoyé à ses chères études.

Et l'Autriche — ou plutôt les États-Unis de l'Autriche Hongrie ! Voilà un pays dont l'avenir est plus difficile à prédire. C'est la dynastie des Habsbourg seule qui tient ensemble cette grande conglomération de peuples. Mais si aujourd'hui, ou demain, par une coïncidence de circonstances, la famille impériale s'en allait, nous aurions le lendemain : une République hongroise ; les 9 millions d'Allemands, pour ne pas être mangés par les Slaves, demanderaient à l'empereur d'Allemagne de vouloir bien les « annexer » ; la Pologne serait « occupée » par la Russie et la Dalmatie, la Croatie, l'Esclavonie, la Bosnie et la Herzégovine formeraient un grand-duché serbo-croate sous le gouvernement d'un grand seigneur indigène.

Voilà la situation des deux pays qui, avec l'Italie, se sont constitués officiellement comme vos adversaires. Quelle est maintenant la tâche qui incomberait à la France pour arriver, sans coup férir, à la haute place qu'elle mérite d'occuper en Europe, par son passé et surtout par ses nombreux sacrifices faits pour le progrès et la liberté ?

Il faut qu'elle passe par dessus les têtes des monarques et de leurs gouvernements, et s'adresse directement aux nations mêmes.

Que les deux Chambres françaises et les Conseils généraux se réunissent *ad hoc* en une Assemblée nationale ; que le président de la République, entouré de ses ministres, des plus hauts fonctionnaires d'État, et de tous les généraux de l'armée française, y tienne à peu près le discours suivant :

« Peuples d'Europe ! Fidèle aux principes de son régime républicain, qui veut avant tout garantir le bien-être de tous les citoyens ; fidèle à sa mission dans le passé de marcher à la tête du progrès humain ; profondément convaincue que le militarisme qui pèse actuellement sur l'Europe doit d'un jour à l'autre amener la ruine financière de notre continent ; pénétrée de la grande et belle mission civilisatrice que les nations européennes unies pourraient à leur propre profit et à celui des indigènes accomplir en Afrique, — la France vous propose de convoquer un Congrès universel où des délégués de tous les pays de l'Europe et de l'Amérique, nommées *ad hoc* par le suffrage universel, règleront définitivement tous les différends qui divisent actuellement les divers États ».

Bien des lecteurs souriront peut-être, après avoir lu cette proposition un peu fantaisiste, je l'avoue. Mais 1789 ! Est-ce que ce n'était pas aux yeux des gouvernements de l'Europe monarchique, une détestable fumisterie ? Et aujourd'hui, les principes de votre grande révolution sont reconnus dans presque tous les pays civilisés ! Croyez-moi, le lendemain de cette manifestation brillante en faveur de la paix universelle, toutes les nations vous salueront comme leurs sauveurs aussi bien que nos aïeux ont dansé, en 1789, autour des arbres de liberté, en l'honneur de la chute de la Bastille.

L'Allemagne ne pourra plus désormais, pour réclamer à ses sujets de nouveaux millions pour ses armements, montrer du doigt le trou de Belfort ; on croira à la parole solennelle d'une nation entière. Le Parlement allemand, encouragé par l'enthousiasme des masses, sûr de l'appui moral de la France, de la Suisse et du grand continent d'Amérique, entièrement républicain, refusera le budget militaire, et ce sera le commencement de la fin de la barbarie qui, depuis des siècles, a proclamé ce cruel axiome : « La force prime le droit ».

Et quand un jour les nations seront délivrées du joug du militarisme, elles penseront à vous, — car ce sont les gouvernements qui sont ingrats et non les peuples. Et qui sait si on ne vous rendra pas, à titre de reconnaissance universelle, votre Alsace-Lorraine, ces deux provinces qui ont si longtemps été un des plus précieux joyaux de la couronne de France !

Voilà vingt ans que la Mère-Patrie française pense sans cesse à ses deux chers otages que la Prusse croyait avoir le droit de réclamer au nom de la consolidation de la paix européenne, et cela à un moment où votre pays était en ruine, où votre fortune politique était gravement atteinte, où votre prestige en Europe avait presque complètement disparu. « Nous avons, disait le comte de Bismarck, dans sa fameuse entrevue avec le général Wimpffen, l'intention bien arrêtée d'exiger non seulement une indemnité de guerre de quatre milliards, mais encore la cession de l'Alsace et de la Lorraine allemande, seule garantie pour nous, car la France nous menacera toujours et il faut que nous ayons, comme protection solide, une bonne ligne stratégique avancée. » Strasbourg et Metz, répétaient journellement toutes les gazettes allemandes à la dévotion du Chancelier, même avant la bataille de Sedan, de forteresses agressives françaises doivent devenir forteresses défensives allemandes.

Eh bien, mon Prince, ne croyez-vous pas avec moi qu'on pourra logiquement, la paix universelle une fois solidement établie, rendre ses deux otages à la France, sans même atteindre à la dignité de l'empire allemand ? Et n'êtes-vous pas encore de mon avis que le prince de Hohenlohe avait dans sa proclamation, adressée à l'occasion de la loi du septennat aux électeurs des provinces annexées, pris un peu la bouche trop pleine en appelant « irrévocable la réunion de ces anciens territoires allemands à l'empire allemand, réunion qui ne pourra cesser qu'avec l'existence même de l'empire d'Allemagne »? Comment ! Est-ce qu'un homme honnête ne rend pas le gage, si la dette contractée est entièrement payée par le débiteur ?

On vous a remis jusqu'au dernier centime l'énorme indemnité de guerre que vous avez réclamée ; on vous payera, en outre, — la France est assez riche pour cela, — ce que l'administration de l'Alsace-Lorraine vous a coûté pendant ces vingt ans. Si vous ne vous contentez pas de ces conditions loyales, c'est alors vous qui cherchez à tout prix de reprendre la guerre, c'est vous et non pas la France qui troublez la paix de l'Europe.

Et l'unité allemande ? Parlons en hommes sensés, car les grandes phrases sont faites pour la galerie.

Je suis le dernier à méconnaître que Napoléon Ier avait par son invasion en Allemagne profondément blessé votre amour propre national et que c'était tout naturel que Guillaume Ier qui, tout jeune, devait, devant l'Empereur des Français, s'enfuir avec ses parents à Kœnigsberg, rêvait sans cesse du grand jour où il pourrait entrer à la tête de ses troupes victorieuses dans ce brillant Paris, sur lequel il avait en 1867 jeté ses regards envieux des hauteurs des Buttes Chaumont.

Mais les peuples allemands, dans leur immense majorité, ont-ils, eux aussi, pensé à ce rêve fantaisiste ? Certes que non. Après Leipzig et Waterloo, et surtout après la mort de Napoléon Ier, ils étaient contents de vivre en paix et de réparer les dégâts causés par ces guerres continuelles, dont ils étaient les premières victimes.

Les Autrichiens avaient, eux aussi, leur Austerlitz tout comme vous, votre Iéna. Ils n'ont cependant jamais ressenti des rancunes sérieuses envers la nation française· Une guerre, c'est un duel entre deux nations. C'est toujours un qui provoque, l'autre qui accepte bon gré mal gré. Après le duel, des adversaires loyaux se tendent la main et tout est fini.

Non, soyons francs. Voulez-vous vraiment faire croire à quelqu'un qui connaît les choses un peu de près que les Saxons qui combattaient en 1866 côte à côte avec les Autrichiens, puissance allemande, eux aussi, contre les Prussiens, ont aspiré quatre ans plus tard après l'unité allemande ? Et les Saxons sont plus Teutons que les P-*russiens* dont le nom indique déjà l'origine slave de leur nation. Je crois à la sincérité de vos poètes de 1813 et 1814, aux poésies et aux discours patriotiques d'un Ernest Maurice Arndt et d'un Jean Gotlieb Fichte, mais je ne crois guère à l'enthousiasme en partie forcé de votre Félix Dahn et de votre Henri Treitschke. Vous ne me direz pas non plus que les habitants de Schleswig-Holstein et les Polonais de la Poméranie, de la Posnanie et de la Silésie brûlaient de serrer dans leurs bras leurs « frères » alsaciens !

Et votre droit d'ancienneté sur les Allemands de l'Alsace et de la Lorraine allemande, enlevés par Louis XIV à la patrie germanique ? Allons donc. Si un frère me quitte tout jeune et se marie dans un pays étranger sans que je me sois aucunement occupé de lui dans ce long espace de notre séparation, qui a plus de droits sur lui, moi et ma famille ou sa femme et ses enfants, qui ont, eux, partagé avec lui les beaux et les tristes jours de son existence ? S'il veut quitter sa nouvelle famille et sa patrie adoptive pour rentrer dans son pays natal, il est libre; mais forcer son retour, c'est agir contre les lois de la nature et du bon sens.

Le principe si raisonnable du divorce adopté pour le mariage des individus, qu'il soit enfin également adopté pour l'union des peuples et des races. Un mariage forcé est, sous une forme légale, une simple prostitution et les enfants qui en naissent sont, au point de vue de la liberté humaine, des bâtards. Et de même toute votre administration, toutes vos lois relatives au « Reichsland » sont des institutions bâtardes. Des trois grands parrains de cette union illégitime, le premier, le vieux Guillaume, repose depuis deux ans dans son caveau ; le second, le prince de Bismarck, fut par son jeune souverain rayé du catalogue de l'Empire, et le troisième, le nonagénaire comte de Moltke, a déjà un pied dans la fosse...

. Le moment est donc arrivé où il faut préparer la rentrée solennelle de l'Alsace-Lorraine dans sa patrie française, à laquelle elle est attachée par des liens presque indissolubles. Les peuples reprendront leur droit sacré, qui n'est jusqu'ici inscrit dans aucun code officiel, mais qui est basé sur les lois immuables du progrès humain — leur droit, dis-je, de disposer d'eux-mêmes comme bon leur semble. Nous sommes loin de cette époque barbare où toutes les nations se sont sans résistance courbées sous le joug de quelques usurpateurs et d'une poignée de hobereaux. Et vous, Français, vous récolterez les premiers les fruits de la semence qu'ont semée vos ancêtres en 1789, en proclamant la sainte trinité de la Justice humaine : Liberté, Égalité, Fraternité.

Vous avez pleuré l'Alsace-Lorraine et vous la pleurez encore ; n'abandonnez pas vos espoirs, car le cœur d'une mère se trompe rarement...

La codification de ce nouveau droit des gens, voilà la tâche sublime du congrès que je propose.

« Une idée généreuse, mais inexécutable » — entendis-je s'écrier les diplomates. « On nous reprocherait, » diront-ils, « un procédé pareil qu'on taxera de révolutionnaire et nous nous mettrions sur les bras les chancelleries de tous les pays monarchiques. »

Certes, je ne me cache pas les inconvénients qu'une démarche de ce genre aurait pour le gouvernement français, qui est obligé de se tenir sur ses réserves. Mais qui pourrait donc empêcher, par exemple, la *Ligue de la Paix* de prendre la place des pouvoirs publics ?

Qu'elle invite, elle, de sa propre initiative les membres de tous les Parlements de l'Europe et de l'Amérique — pas officiellement, parce que les Chambres, comme telles, dépendent encore dans quelques pays monarchiques, sous quelques rapports, des gouvernements ; — qu'elle invite en outre les maires des principales villes, les présidents des Chambres de commerce et d'autres sociétés importantes; qu'elle adresse enfin son appel aux plus grands économistes politiques et jurisconsultes, à la presse et au clergé du monde entier!

Des trente mille invités, dix mille ne viendront pas pour ne pas choquer leurs gouvernements; des autres vingt mille, la moitié n'aura pas les moyens suffisants pour couvrir les frais du voyage. Eh bien! il faudrait à ces invités discrètement envoyer l'argent nécessaire pour qu'ils puissent se charger de la mission sacrée à laquelle on les appelle. Où prendre les millions pour cette œuvre grandiose ?

Mon Dieu, on a bien trouvé huit millions pour la campagne boulangiste; on en trouvera autant pour une entreprise beaucoup plus généreuse.

Et voilà que le nom de la duchesse d'Uzès me vient involontairement sous la plume. Vous avez, Madame, j'en ai la profonde conviction, en donnant vos fameux trois millions, accompli un acte royaliste pur et rien de plus. Comme « premier pair de France », vous avez cru qu'il était de votre devoir de ramener, comme une autre Jeanne d'Arc, votre Roy dans sa capitale pour lui mettre sur la tête la couronne séculaire de ses ancêtres. Vous vous êtes trompée sur les qualités de Pilippe VII et du général qui aurait dû, pas autant par son épée que par sa popularité factieuse, ouvrir les portes de la bonne ville de Paris au petit-fils de Henri IV. Ce n'est pas à vous que le parti royaliste pourra jamais faire un reproche au sujet de votre conduite noble et généreuse. Et même les républicains ne vous refusent pas leur respect, car vous avez agi, Madame, sans aucun intérêt personnel.

Vous vous êtes retirée, Madame la Duchesse, dans votre atelier d'artiste pour oublier les luttes politiques auxquelles vous étiez mêlée pendant plusieurs mois. Sortez de votre tente paisible pour accomplir une mission qui, en cas de réussite, ferait de vous une des plus grandes bienfaitrices de l'huma-

nité. Mettez-vous, avec les nobles dames du faubourg Saint-
Germain et des Champs-Elysées, à la tête du Comité qui doit
convoquer à Paris ce Parlement universel dont j'ai parlé plus
haut. La « Société des Dames françaises » et « l'Union des
Femmes de France » se sont mises entièrement à la disposition
de M. le Ministre de la guerre pour le cas où le clairon sonnerait
de nouveau sur les champs de bataille. Noble tâche dont il faut
louer sans réserves ces femmes patriotiques, et surtout leurs
présidentes, pleines de dévouement pour la cause sacrée qu'elles défendent. Mais ne serait-elle pas encore plus généreuse et
plus digne d'une femme, la mission que j'ai l'honneur de
vous indiquer ?

On a, ces derniers jours, à propos d'un projet de loi d'un
député socialiste relatif aux titres nobiliaires, beaucoup parlé
de la vieille noblesse française et de ses prétentions d'ajouter
au nom de famille un attribut sonore. Il ne subsiste aucun
doute, pour tous ceux qui jugent les choses froidement, que
les titres que les anciens rois de France et les deux Napoléon
ont accordés pour des motifs quelconques n'ont plus de valeur
réelle, aujourd'hui où la France a renié pour toujours la
Monarchie. Mais de là à la proposition bouffonne de M. Mo-
reau — il y a encore un bout de chemin.

Un grand poète étranger a émis cette belle maxime : « Ce
que tu as hérité de tes pères, acquiers-le de nouveau, car c'est
alors seulement que tu le posséderas entièrement. »

Voilà la question tranchée d'une manière qui pourra satis-
faire tout le monde, sauf les ultras des deux partis, les fou-
gueux radicaux et les paresseux hobereaux qui voudraient
bien eux, se reposer sur les lauriers de leurs ancêtres.

Nobles familles de France ! quittez vos vieux châteaux
et revenez à Paris pour vous mêler de la lutte sociale où se
consomment les destinées de votre pays. Rappelez-vous le
mot de Gambetta : « L'ancienne aristocratie appartient à la
France ; elle peut encore la servir. » L'avenir de la patrie
est en jeu. Montrez par vos actes que vous êtes dignes des
titres que vos ancêtres vous ont légués.

Présentez-vous vous-mêmes devant le pays et tenez-lui à
peu près le langage suivant : « Nous reconnaissons tous l'Ordre
de la Légion d'honneur, consacré par l'Empire, la Mona rc l.i

et la République, comme désormais la seule noblesse de notre patrie. Les cinq degrés de l'Ordre national, qu'ils correspondent aux cinq échelles de la vieille hiérarchie aristocratique.

« Que chaque officier de la Légion d'honneur ait le droit de porter, s'il remplit les formalités nécessaires, le titre de baron, chaque officier celui de comte, etc. Nous autres qui sommes en possession de nos titres de par nos aïeux, nous voulons volontairement faire un acte public qui nous vaille l'entrée dans les rangs de la Légion d'honneur correspondant à nos attributs nobiliaires. Nous voulons, chacun selon nos moyens, construire l'un un hôpital, l'autre une maison ouvrière, un tiers vêtir cinq cents enfants pauvres, etc., etc. Bref, nous voulons faire confirmer nos vieux parchemins dans la Chancellerie de la nation française et employer notre esprit, notre énergie, notre fortune pour vous aider à résoudre le problème social. »

Tout le pays applaudira, l'étranger écoutera vos paroles et il sera rempli d'admiration pour votre résolution généreuse. Donnez le bon exemple aux aristocraties des autres pays et préparez ainsi l'évolution pacifique de notre société dans le sens des grands principes établis par vos ancêtres en 1789

Mais tout ce changement de front n'est possible, dans notre vieille Europe, que sous la condition qu'on renvoie dans leurs foyers les quatre millions d'hommes robustes qui, au lieu d'augmenter par leur travail la fortune du pays, sont nourris aux dépens des autres contribuables; parmi eux, de malheureuses femmes et de pauvres enfants qui ne peuvent, malgré leur rude travail, manger de la viande et se vêtir chaudement — parce qu'il faut habiller les nombreux soldats et chauffer leurs casernes.

Et si on objectera, en dépit de tous les arguments invoqués par moi, au courant de cette dissertation politique : « Impossible, hélas ! pour nous, la nation vaincue, de prendre l'initiative dans cette affaire ; c'est plutôt au vainqueur ou à une des autres grandes puissances européennes qu'il faudrait vous adresser », je vous réponds :

« Certes, ce point de vue est des plus respectables et en

même temps bien compréhensible. Les souvenirs douloureux de 1870 sont encore trop récents pour que votre amour-propre national ne se révolte pas au premier instant devant une proposition pareille. Vous tous — et c'est si naturel — vous ne pouvez pas, malgré vos intentions pacifiques, passer devant la statue de la ville de Strasbourg sans rêver de la grande journée où vos soldats vainqueurs déposeront aux pieds de cette Niobé française — en deuil depuis vingt ans — les trophées remportés là-bas en Allemagne. »

Mais faites avec moi cette réflexion que les monarques ne peuvent pas prendre et ne prendront jamais l'initiative dans la question du désarmement général. Ils signeraient, par cette démarche, leur abdication. Car n'oubliez pas que les souverains se sentent avant tout, comme les chefs suprêmes et absolus de leurs armées, les derniers puissants appuis de leurs trônes. Ils ont bien cédé une partie de leurs prérogatives législatives aux Parlements ; mais l'armée, elle est restée leur domaine pour ainsi dire privé.

C'est donc seulement une République qui pourrait faire le premier pas dans cette voie salutaire et pour votre pays et pour l'humanité entière. M. Carnot reste le même s'il a une maison militaire ou un simple cabinet civil. Mais ôtez à l'empereur d'Allemagne ou à François-Joseph leurs généraux empanachés, ôtez à ces souverains leurs vingt uniformes différents, plus brillants les uns que les autres, par lesquels ils provoquent l'admiration stupide des badauds — et c'est en partie fini de leur prestige.

Vous comprendrez maintenant pourquoi l'empereur François-Joseph, auquel vous n'avez jamais rien fait ; pourquoi le roi Humbert, qui vous doit un peu sa couronne, se sont tout de même alliés avec votre ennemi héréditaire : c'est le principe monarchique qui s'oppose au régime républicain établi chez vous. Et je crois sans difficulté aux paroles qu'un journal parisien (1) a prêtées à ce sujet à l'entourage du fils de Victor-Emmanuel : « Le trône de l'empereur de Dom Pedro a été miné par l'infiltration des idées françaises au Brésil ; Sire, aveuglons, avec l'aide de l'Allemagne,

---

(1) L'*Eclair* du 28 octobre.

les fissures qui existent chez nous. Il y va de l'avenir et de la grandeur de votre maison ». Et ainsi parlent les entourages de tous les souverains : c'est avant tout dans leur intérêt personnel.

Oui — et c'est votre gloire — ce sont les idées françaises qui ont républicanisé ce vaste continent de l'Amérique et son annexe, l'Australie, et ce seront encore les idées françaises qui hâteront l'avènement de la République dans les autres pays de l'Europe.

Regardez autour de vous !

Le trône de Dom Carlos est bien chancelant, et, si lord Salisbury n'a pas pitié du roi du Portugal, on nous télégraphiera bientôt de Lisbonne la proclamation de la République.

En Espagne, le principe monarchique repose sur les faibles épaules d'une femme — étrangère par-dessus le marché — et d'un petit bébé. Si les yeux de l'enfant royal se ferment aujourd'hui, la reine Christine peut faire ses malles et établir sa résidence à la Hofburg de Vienne.

Le roi de Hollande se meurt; sa succession tombera entre les mains d'une femme — étrangère elle aussi — et de sa fille de dix ans. Si le duc de Nassau n'est pas un génie politique, il pourra bientôt de nouveau quitter le Luxembourg, mais cette fois sérieusement, et pour faire place au président de la République des Pays-Bas.

Prenez donc courage, Français ! Vous aurez, d'ici une dizaine d'années, bien des compagnons républicains autour de vous. Vous envelopperez les vieilles monarchies du centre de l'Europe. Et qui se trouvera, par la nature des choses, à la tête de la grande Fédération républicaine, sinon vous ? La Suisse sera bien l'aînée, mais, vous, vous serez la plus puissante de toutes.

Quelle belle perspective, peuple français, pour votre nation ! Vous représentez le génie, par excellence, parmi les nations européennes. Un homme de génie devance ses contemporains quelquefois d'un siècle. Faites de même. Marquez, par une résolution héroïque, une étape dans le développement du genre humain qui portera votre nom. Nous avons le siècle

Louis XIV, le siècle Napoléon Ier; faites que vos petits-fils puissent un jour se vanter de descendre des ancêtres qui ont créé le siècle de la troisième République, ère de la paix et de la fraternité universelles !

Paris — Imprimerie Alcan-Lévy, 24, rue Chauchat.